COLLECTION
CONNAÎTRE UNE ŒUVRE

JEAN GENET

Les Bonnes

Fiche de lecture

Les Éditions du Cénacle

© Les Éditions du Cénacle, 2020.

1 rue Honoré - 93500 Pantin.

ISBN 978-2-7593-0957-3

Dépôt légal : Septembre 2020

Impression Books on Demand GmbH

In de Tarpen 42

22848 Norderstedt, Allemagne

SOMMAIRE

BIOGRAPHIE DE
JEAN GENET

Jean Genet naît en 1910 à Paris. À sept mois, sa mère l'abandonne à l'Assistance Publique, par manque de moyens, comme son précédent enfant. Elle avait demandé à garder contact mais Genet ne le saura jamais. L'événement marquera profondément sa vie et son œuvre.

Il vivra à partir de 1918 dans une famille d'accueil, chez des fermiers du Morvan, la région longtemps privilégiée pour l'accueil des orphelins. Il y sera choyé et heureux. Pour un vol, à dix ans, il est envoyé en maison de correction. En 1924, on le place dans une école d'artisanat, loin de sa famille d'adoption et d'une scolarité brillante qu'il aurait pu continuer longtemps. Genet le vivra comme une trahison de la part du système français et ne l'oubliera jamais. C'est l'époque de sa première fugue.

À force de fuites et vols à répétition, il est enfermé à Mettray, colonie agricole et pénitentiaire, de 1926 à 1928. À dix-huit ans, en échange de sa liberté, il s'engage auprès de la Légion étrangère. Genet y fait ses premiers voyages, découvre l'Afrique, est en poste à Damas. Les hommes arabes le fascinent et l'attirent. En 1936, il déserte pour continuer librement ses voyages et ses errances, à travers l'Europe, clandestinement, vivant de vols et de prostitution, selon ce qu'il raconte dans *Le Journal du voleur*.

Quand il revient en France à la fin des années trente, il passe plusieurs années en prison. Il vit la montée des régimes fascistes en Europe et la défaite de la France face à l'Allemagne comme une revanche. Il se lie d'amitié avec des français collaborationnistes et éprouve, comme il l'explique plus tard dans ses fictions et dans ses entretiens, une fascination pour Hitler et les soldats nazis.

Enfermé, Genet écrit ses premiers textes : « Le Condamné à mort », *Notre Dame des Fleurs* et *Le Miracle de la rose*. Les œuvres commencent à circuler clandestinement et parviennent jusqu'à Jean Cocteau. Le poème « Le Condamné à mort » l'impressionne. Les deux hommes se rencontrent en 1943.

Cocteau le prend sous son aile. Il trouve un avocat à Genet quand il est condamné au bagne à perpétuité. Défendu par Maurice Garçon, il obtient la grâce présidentielle et est condamné à une peine de seulement trois mois.

Genet est progressivement intégré dans les cercles littéraires parisiens : il devient la coqueluche des philosophes Jean-Paul Sartre et Simone de Beauvoir puis sera loué par des penseurs comme Foucault ou Derrida. Ils chercheront à se réapproprier la figure de Genet, gommer ses sympathies fascisantes pour en faire un artiste maudit, rejeté par le système français, qui parvient à transformer la boue en poésie.

Ses nouvelles relations lui ouvrent beaucoup de portes. Il n'est plus un auteur inconnu. En 1947, Louis Jouvet lui commande *Les Bonnes* pour le théâtre de l'Athénée. Jean Genet n'a jamais voulu ce succès, il a l'approbation de la société en horreur. Cette nouvelle position ne lui convient pas. Il n'écrit plus, comme enfermé dans cette mystification qui atteint son paroxysme en 1952 avec la publication de *Saint Genet, comédien et martyr* par Sartre.

Genet trouve un nouveau souffle en développant davantage son écriture dramaturgique. *Le Balcon* en 1956 déjà, tend vers la satire sociale. Son théâtre politique sera à son paroxysme avec *Les Paravents* écrit en 1961, mais interdit de représentation jusqu'en 1966 pour son traitement très à charge des sociétés coloniales, dont la France, alors en plein conflit avec l'Algérie. La première représentation donne lieu à une vraie bataille entre opposants et sympathisants. On parle de la bataille des Paravents comme il y a eu une bataille d'*Hernani*, la pièce de Victor Hugo qui a sacralisé le combat des Modernes contre les Anciens en 1830.

En 1964, son amant Abdallah Bentaga, qui lui a inspiré

Le Funambule, se suicide. Genet prend alors la décision de ne plus revenir à la littérature et quitte Paris. Le reste de sa vie sera davantage consacré à différents combats politiques : pendant l'hiver 1966, au Japon avec le Zengakuren, une association étudiante militante pacifiste, puis auprès des révolutionnaires palestiniens après la Guerre des six jours en 1967 et l'occupation de leur territoire par Israël.

En France, il s'engage avec Michel Foucault au début des années soixante-dix pour le GIP, le Groupe d'Informations sur les Prisons, qui cherche à faire connaître et dénoncer les conditions d'incarcération des prisonniers, notamment politiques. Il suit les Black Panthers aux États-Unis, notamment pendant leur tournée des universités américaines pour la campagne de libération Bobby Seale, militant fondateur du parti. On le retrouve également avec les Brigades Rouges en Allemagne, militants d'ultragauche qui menèrent de violentes actions en Europe dans les années 1970-1980.

Ses engagements trouvent moins de cohérence dans les valeurs défendues que dans les statuts des acteurs. Ils appartiennent à des minorités, contre quelconque forme d'institution. C'est ce qui fascine et intéresse Genet. Il déclare ainsi : « Le jour où les Palestiniens seront institutionnalisés, je ne serai plus de leur côté. Le jour où les Palestiniens deviendront une nation comme une autre nation, je ne serai plus là. »

En 1979, on diagnostique à Genet un cancer de la gorge. Il s'installe quelques années plus tard au Maroc pour y finir sa vie. Ses derniers écrits marquants seront en lien avec cet engagement, notamment auprès de la cause palestinienne. En 1982, il écrit « Quatre heures à Chatila » après le massacre de Palestiniens au Liban pendant la guerre civile. Le texte apparaît comme les prémices de son dernier récit, *Un captif amoureux*, entre autres sur ses souvenirs auprès des Palestiniens.

Jean Genet meurt en juin de l'année 1986 à Paris.

PRÉSENTATION DES BONNES

Les Bonnes est la première pièce de théâtre écrite par Genet, d'une centaine de pages, en un seul acte. C'est un huis-clos principalement centré autour de deux personnages, Claire et Solange, sœurs et domestiques de « Madame » une femme bourgeoise avec qui elles entretiennent un rapport entre la haine et l'admiration.

Genet refuse d'en faire un plaidoyer pour les domestiques, même si l'œuvre a souvent été reprise comme vitrine des luttes entre classes sociales. L'histoire fait écho à un fait divers de 1933 : des sœurs, Christine et Léa Papin, tuent leur patronne au Mans, ainsi que sa fille, qu'elles énucléent. Malgré la concordance, Genet nie le lien avec sa propre création.

La pièce a été écrite pour que le metteur en scène Louis Jouvet la joue à l'Athénée. Elle n'a pas la même genèse que ses précédents récits, écrits en prison, sans public défini. Genet n'en est pas très heureux. Il écrit à son éditeur pour la présentation : « Il vous faut donc une présentation. Mais que dire d'une pièce dont j'étais détachée avant même qu'elle fût achevée. [...] Commandé par un acteur célèbre en son temps ; ma pièce fut donc écrite par vanité, mais dans l'ennui. »

Originellement en quatre actes, Jouvet lui demande de la réduire, n'étant pas représentable ainsi. Genet la concentre donc en un seul acte. La version écrite est publiée pour la première fois quelques mois après la première représentation en avril 1947, dans la revue *L'Arbalète*. Il y aura *in fine* six versions différentes. En 1963, il fait ajouter, aux éditions de l'Arbalète toujours, le commentaire « Comment jouer Les Bonnes ». Finalement, en 1968, pour le tome IV des *Œuvres complètes* chez Gallimard, Genet reprend une dernière fois le texte et y ajoute deux notes pour préciser qu'il ne veut pas de représentation réaliste dans le décor.

L'auteur reprend ici les codes de la tragédie classique et les détourne : chaque élément du dénouement est présent dès les premières lignes. La tension monte *crescendo* jusqu'au point final. Il y est question d'identité, de lien entre *eros* et *thanatos* et de vision du théâtre lui-même.

RÉSUMÉ DE
LA PIÈCE DE THÉÂTRE

« Comment jouer *Les Bonnes* »

Genet explique que les actrices qui jouent les domestiques doivent le faire simplement et subtilement, et ne pas laisser voir les actrices, et surtout les femmes qu'elles sont. Elles doivent être effacées derrière le personnage de Madame. Elles doivent sembler naturelles et humaines. C'est ainsi que s'exprimera le mieux leur haine et leur monstruosité et que celles-ci feront écho chez les spectateurs.

« *Les Bonnes* »

La pièce commence avec un jeu de rôle des personnages : celui de Claire joue Madame et celui de Solange, Claire. Leur conversation tourne autour du laitier, amant de la domestique, du mari de Madame qui serait au bagne après qu'elle l'a dénoncé. La conversation s'envenime et le personnage de Solange s'apprête à étrangler celui de Claire, qui joue Madame, quand un réveil sonne.

La cérémonie est terminée. Les deux sœurs, revenues à leur rôle de domestiques, font du rangement avant le retour de Madame. Solange reproche à Claire d'être allée trop lentement et d'avoir fait allusion au personnage de Mario en parlant du laitier. Elle exprime sa haine envers Madame, envers son travail, envers sa sœur. Claire a plus d'affection pour leur patronne. D'après Solange, elle se promène la nuit dans l'appartement dans la peau de Madame. Claire se défend et rappelle que c'est elle qui a écrit les lettres pour envoyer Monsieur en prison. Solange lui avoue avoir essayé d'étouffer Madame une nuit, sans en être capable.

Elles sont coupées dans leur conversation par le téléphone. Le personnage de Monsieur annonce être délivré de prison. Elles sont déçues, leur plan d'éloigner Monsieur et de tuer

Madame ne fonctionne pas. Claire estime qu'elle est plus forte, qu'elle sera capable de tuer Madame. Solange parvient un temps à la calmer. Mais elle repart dans un délire où il est question de chant et de sacrifice de Madame dans la forêt. Elles l'entendent arriver et décident de mettre du gardénal, un anxiolytique, dans son infusion de tilleul.

Madame rentre, dévastée par l'emprisonnement de Monsieur. Elle se confie à sa domestique, pensant que celle-ci ne sait rien. Elle ne comprend pas pourquoi la maison est pleine de fleurs d'enterrements, voit des traces du jeu de rôle sans s'en rendre compte. Elle dit être en effet en deuil, donne à Claire et Solange des robes qu'elle estime indécent de continuer à porter. Ce sont celles que les domestiques utilisent pour la cérémonie. Quand elle voit le téléphone décroché, Claire est obligée de lui avouer la libération de Monsieur. Madame part aussitôt, sans que Claire puisse lui faire boire la tisane.

Solange reproche à Claire de n'avoir pas pu aller jusqu'au bout, une fois de plus. Avec la phrase : « je suis lasse », la cérémonie reprend : Claire devient Madame et Solange suit le jeu habituel. Mais Claire veut aller plus vite et passe aux insultes. Dans la peau de Madame, elle dit toute sa haine des domestiques, enfile une robe blanche sur sa robe noire de travail. Solange ouvre la fenêtre du balcon, Claire veut alors arrêter le jeu, pensant que ça va trop loin, mais Solange est incontrôlable. Elle marche sur Claire et la pousse dans un coin. Elle se lance dans une tirade où tout se mélange, s'adressant tantôt à Madame, puis en étant Madame, et enfin au monde comme meurtrière de sa sœur.

Solange continue sa tirade, semble vivre à la fois sa condamnation et l'enterrement de sa sœur entourée par tous les domestiques. Puis elle s'arrête, fatiguée. Mais Claire la pousse à continuer le jeu de rôle et à lui faire boire la tisane. C'est pour elle le moyen de disparaître et ne pas endosser la faute. Elle est persuadée qu'elles vont être découvertes pour les lettres. Dans la mort, elle sera réunie avec sa sœur et l'accompagnera au bagne. Solange lui obéit et lui fait boire le tilleul empoisonné.

LES RAISONS DU SUCCÈS

Les Bonnes est l'une des pièces les plus emblématiques de Genet aujourd'hui. Mais à l'époque, elle n'a pas été approuvée, ni par le public, ni par la critique. Lors de la première, le public est resté silencieux quand le rideau est tombé, puis à mesure des représentations, il y a eu des réactions plus violentes. La presse en a beaucoup parlé. Quelques plumes y voient un théâtre d'un nouveau genre, et si beaucoup s'accordent pour dire que Genet propose quelque chose d'impressionnant et d'esthétiquement rare, le sujet traité et l'intrigue posent problème.

Après la Seconde Guerre Mondiale, les spectateurs avaient davantage envie d'œuvres plus classiques, d'analyses psychologiques. Jean Giraudoux par exemple répondait à cette attente avec sa relecture de mythes antiques – Électre, la Guerre de Troie – dans une vision post-1945. Les deux étaient programmés par Louis Jouvet à l'Athénée : la pièce de Giraudoux était jouée après celle de Genet et les applaudissements nombreux pour la seconde valaient désapprobation pour *Les Bonnes*.

Genet, lui, voulait mettre mal à l'aise, déranger le spectateur. C'était pour lui le moyen de renverser sa nouvelle position d'auteur à succès, encensé par l'intelligentsia parisienne de l'époque. S'il a toujours voulu être lu, « écouté par Ronsard », il n'a jamais voulu réussir, rentrer dans l'institution des lettres. Alors quand Louis Jouvet, le metteur en scène le plus en vue en France à cette époque, rencontré grâce à Cocteau, lui propose d'écrire une pièce, pour créer à l'Athénée un programme avant-gardiste et casser l'image du théâtre bourgeois véhiculé par Giraudoux, il propose *Les Bonnes*, qui bouleverse les codes du théâtre classique et met en lumière toute la fascination de l'auteur pour le mal.

Il donne des indications pour la mise en scène de la pièce mais pas les clés de lecture du texte : il refuse d'en faire un plaidoyer pour les domestiques. L'histoire est sans aucun doute inspirée d'un fait divers, celui des sœurs Papin, paru dans *Détective*, que Genet lisait beaucoup. Mais l'auteur refuse également cette source d'inspiration. Louis Jouvet lui-même ne comprend pas totalement cette « tragédie des confidentes » comme Genet aimait à l'appeler.

La pièce trouvera une nouvelle réception avec l'avènement de ce qu'on a théorisé comme le « nouveau théâtre » ou théâtre de l'absurde, de la deuxième moitié du XXe siècle, qui cherchera lui aussi à mettre en lumière les passions sombres et l'inconscient de l'être humain. En 1954, quand la pièce est jouée au théâtre de la Huchette à Paris, le critique Jacques Lemarchand écrit pour *Le Figaro Littéraire* : « Ce que l'on ne pardonnera jamais à Genet, c'est de donner tout à coup aux monstres une voix plus qu'humaine, brûlante, et de leur prêter des mots somptueux, des images que peuvent seuls découvrir ceux qui sont restés longtemps sans parler. »

LES THÈMES PRINCIPAUX

Les deux personnages de Genet, Claire et Solange, in-
carnent la promiscuité qu'il peut y avoir entre amour et haine.
De manière générale, il y a quelque chose de freudien dans
l'écriture de Genet. L'inconscient ne semble pas filtrer sa
création. Le lien théorisé par le psychanalyste entre *eros*, le
désir d'amour et *thanatos*, la pulsion de mort, est particulièrement prégnant dans *Les Bonnes* et la clé de ce qui relie les
personnages entre eux.

La relation *eros / thanatos* s'applique d'abord pour les
sœurs envers Madame. Elles l'admirent autant qu'elles la
détestent et pour elles, cet amour ne va pas sans leur volonté
de l'éliminer. C'est ce qui donne un sens à leurs actions, leur
cérémonie, leur travail, leur relation. Claire et Solange ont
du ressentiment envers Madame, pour ses remarques désobli-
geantes mêlées à ses faveurs et l'infantilisation dont elle fait
preuve auprès d'elles. Mais, en un sens, elles sont d'accord
avec ce qu'elle dit, exècrent la bassesse de leurs conditions
et veulent en changer, l'améliorer. C'est l'objectif de tout le
processus qui consiste à écarter Monsieur puis tuer Madame.
L'auteur ne précise pas davantage les objectifs des deux
sœurs. Tout est centré autour de la tentative d'assassinat de
Madame. Genet n'a pas fait l'effort de pousser l'imaginaire
des personnages au-delà de la fin de la pièce en elle-même.
Le but des deux sœurs est l'élimination de Madame, plus que
la nouvelle vie que leur offrira leur libération.

Les personnages de Claire et Solange fonctionnent sur la
même ambivalence dans leur relation. La « cérémonie » est
l'occasion pour elles d'extérioriser leur ressentiment envers
leur patronne, mais aussi ce qu'elles peuvent se reprocher
l'une l'autre. Par exemple, au milieu de l'œuvre, après l'appel du personnage de Monsieur, Solange dit à Claire : « Je

voudrais t'aider. Je voudrais te consoler mais je sais que je te dégoûte. Je te répugne et je le sais puisque tu me dégoûtes. S'aimer dans le dégoût, ce n'est pas s'aimer. » Et Claire de répondre : « C'est trop s'aimer. Mais j'en ai assez de ce miroir effrayant qui me renvoie mon image comme une mauvaise odeur. Tu es ma mauvaise odeur... »

Se dessine dans cet échange le pendant de la relation destructrice : elle est fusionnelle, gémellaire. Si le projet de destruction de Madame vient d'un désir de ressemblance et d'accomplissement au même rang, ce qui pousse les deux domestiques à la mort de Claire est la volonté de se séparer. Elles veulent tuer Madame pour prendre sa place et pour être elle mais elles sont violentes l'une envers l'autre pour ne plus se ressembler, ne plus voir dans l'autre son propre reflet et pouvoir être une. La pulsion de mort vient ici détruire la fusion insupportable engendrée par l'amour.

L'identité

Ce qui fait l'identité d'une personne est une question centrale des *Bonnes*. Le personnage de Madame en est une bonne illustration. Elle n'est désignée que par ce titre. Genet n'a pas cherché à en faire un personnage avec davantage de relief. On la renvoie à ce qu'elle est pour ses domestiques parce que le spectateur ne la voit qu'à travers leur regard. Le texte ne la fait exister qu'à travers elles. Elle apparaît peu elle-même. Les sœurs jouent plus souvent dans la peau de Madame que Madame elle-même dans la pièce. Elle est centrale surtout pour ce qu'elle incarne, pour ce que les personnages de Claire et Solange projettent sur elle.

Dans leurs répliques, les personnages de Claire et Solange ne bénéficient pas non plus d'une identité entière. Elles sont une seule personne, « Claire et Solange ». Quand la maîtresse de maison rentre, elle n'est sur scène qu'avec Solange, mais associe les deux domestiques dans son discours : Madame la désigne par « vous », « ta sœur et toi » et Solange de même répond à la deuxième personne du pluriel pour les deux. Au moment de sa sortie, le personnage de Madame adresse à Claire et Solange un : « Mais dépêchez-toi ». C'est ensuite Claire qui est face à Madame et non plus Solange, mais Madame continue la discussion comme si c'était la même personne. Elle lui reparle des comptes et de la fourrure à repriser que mentionnait Solange. L'auteur reproduit alors la réplique de Solange pour Claire : « Je le porterai demain au fourreur ». Le rapport de Madame aux sœurs renforce leur gémellité problématique. Ainsi Claire dit : « Je peux me regarder dans ton visage et voir les ravages qu'y fait notre victime ! »

Elles n'ont en effet pas d'identité propre non plus, et pas seulement aux yeux de Madame. Pendant la « cérémonie », Claire joue Madame et Solange joue Claire. Quand l'une joue la maîtresse, l'autre prend le rôle de l'autre domestique. On peut y voir une volonté de s'extérioriser et une nécessité de n'être pas soi pour affronter Madame et l'attaquer. C'est aussi la preuve qu'elles sont interchangeables. Le procédé floute la singularité de chaque personnage. Elles-mêmes dans leur jeu de rôles se méprennent parfois quand elles s'interpellent.

Les lecteurs et spectateurs finissent donc par s'y perdre aussi. Il devient difficile de se faire une idée propre sur chacune. Si Claire énonce être la plus forte, la plus à même de tuer Madame, le rapport de forces n'est pas si évident au cours de la pièce. Leurs échanges fonctionnent par bascule : si l'ascendant est chez l'une, il va finir par se renverser. Le texte lui-même conduit à les associer et à faire d'elles un tout.

C'est le meurtre qui leur apportera leur identité. Le monologue de Solange à la fin de la pièce l'exprime bien : en tuant Madame, elle deviendra quelqu'un. « Madame et Monsieur m'appelleront mademoiselle Solange Lemercier ». Par le crime, elle obtient qu'on la désigne avec un état civil, « Mademoiselle », et un nom, plus seulement un prénom, une famille, Lemercier.

Mais, au fur et à mesure, par prémonition ou désorientation à cause de la cérémonie, le crime qui lui rend sa singularité n'est plus le même : « Je suis l'étrangleuse. Mademoiselle Solange, celle qui étrangle sa sœur ! ». Elles ne peuvent rester deux, l'une doit disparaître pour que l'autre puisse exister. C'est finalement pour cela que le crime se porte sur la mort de Claire. Genet exprime une certaine forme de logique ici : pour devenir un être singulier, il faut casser la dualité.

Finalement, ce geste est peut-être vain. Solange finit sa tirade en s'associant de nouveau à Claire dans ses paroles : « Maintenant, nous sommes mademoiselle Solange Lemercier. La femme Lemercier. La Lemercier. La fausse criminelle. » Et Claire la convint de lui faire boire le thé empoisonné en lui expliquant qu'elles ne seront pas séparées pour autant : « Solange, tu me garderas en toi. » Elles ne sont maintenant plus un tout à deux, mais deux en une.

Cette impossibilité d'acquérir une identité que démontre la pièce concorde avec la vision de Genet sur les personnages de théâtre. Il veut « obtenir que ces personnages ne fussent plus sur la scène que la métaphore de ce qu'ils devraient représenter. » Madame n'est que l'incarnation de la bourgeoisie vue par ses employées. Claire et Solange ne sont que le symbole de l'envie d'être autre.

Le théâtre

Genet voit le théâtre comme un miroir des désirs humains ; d'où l'idée que les personnages doivent n'incarner que ce qu'ils représentent, et pas des êtres humains. Dans « Comment jouer *Les Bonnes* », Genet ordonne aux actrices de s'effacer derrière les personnages pour que chaque spectateur puisse se voir : « Je vais au théâtre afin de me voir, sur la scène (restitué en un seul personnage ou à l'aide d'un personnage multiple et sous forme de conte) tel que je ne saurais – ou n'oserais – me voir ou me rêver, et tel pourtant que je me sais être. »

Les Bonnes lui ayant été commandé et non le fruit de son inspiration pure, il dit ne pas en être satisfait et n'est pas plus élogieux à propos du genre dramatique dans son ensemble : « Car même les très belles pièces occidentales ont un air de chienlit, de mascarades, non de cérémonies ». Alors Genet intègre des « cérémonies » au cœur de la pièce de théâtre elle-même. Les personnages de Claire et Solange appellent ainsi leur jeu de rôles. Cette cérémonie a une dimension sacrée. Elle sublime à la fois le crime et l'art du théâtre selon Genet. Les deux sœurs font de cette comédie un véritable rituel avec des étapes à respecter, des objets particuliers. Elle reprend les codes du sacrifice religieux où l'acte de tuer relève d'une vénération pour la victime comme celle qu'éprouvent les domestiques pour le personnage de Madame.

Il y a une évidente mise en abîme du théâtre dans *Les Bonnes*. Les cérémonies de Claire et Solange sont non seulement des rites religieux mais aussi de mini-pièces dramaturgiques. Claire enfile un costume pour jouer Madame. Solange se fait passer pour Claire afin d'avoir elle aussi un rôle, autre que le sien. Elles accordent une grande importance aux choses qu'elles utilisent pour la cérémonie, elles sont pensées comme un décor. Certaines de leurs répliques résonnent comme des didascalies, des indications de jeu : « Penchez-vous davantage et vous regardez dans mes souliers ». L'auteur précise que Claire est « affolée » quand Solange se trompe de nom, de réplique. Elles sont dans un huis-clos, la chambre de Madame est une bulle hors du monde comme peut l'être une salle du théâtre. Solange reprend Claire quand, dans le rôle de Madame, elle s'approche trop près d'elle : « Les limites. Les bornes. Madame. Il faut garder vos distances ». L'importance accordée à l'espace qui doit rester infranchissable entre les deux quand elles jouent peut renvoyer à la théorie du « quatrième mur », le mur fictif qui sépare le public de la scène et que les acteurs, à l'instar de Claire, quand ils jouent, ne doivent pas franchir pour rester dans leurs rôles.

La présence de « cérémonies », de jeux de rôles, est présente dans plusieurs pièces de Genet. Des schémas se recoupent entre *Les Bonnes* et *Le Balcon* par exemple : le jeu autour du déguisement pour simuler une fausse mort, ou encore le schéma qui oppose deux types de personnages antagonistes, les dominants et les dominés, les derniers éprouvant une fascination à la fois haineuse et érotique pour les premiers. *Les Bonnes* ont aussi leur version masculine dans *Haute surveillance* : des détenus sont tiraillés entre le désir et le dégoût pour un autre prisonnier, « Yeux verts », personnage excessivement beau qui a commis le crime ultime de tuer un enfant.

Le meurtre

La fascination de Genet pour le mal et le crime ressort dans chacune de ses œuvres. L'assassin est son fantasme ultime car celui qui tue passe, selon l'auteur, une frontière qui ne lui permettra plus jamais d'être intégré à la société. Et cette intégration est ce qu'a toujours refusé et fui l'auteur. Encenser le mal dans sa littérature, le « chanter » est sa manière de toujours renverser les codes, d'être à côté du cadre.

Mais est-ce ici un meurtre ou un suicide ? Solange fait le

geste assassin de tendre la tasse empoisonnée à Claire mais elle n'est qu'exécutrice. Claire, comme elle l'annonce dès le début de la pièce, est celle qui a la force d'aller « jusqu'au bout ». Si elle reste dans son rôle et continue à jouer Madame, elle est bien consciente d'être Claire et du fait qu'il y a du gardénal dans le tilleul. Pourtant, elle voit dans sa mort une résolution que le meurtre de Madame n'aurait pas apporté. Même une fois celle-ci tuée, Claire et Solange auraient en effet continué à être deux, à la fois rivales et miroirs l'un de l'autre. Solange a avoué à sa sœur, après la première cérémonie, qu'elle n'avait pas été capable de tuer Madame. On peut faire l'hypothèse qu'aucune des deux n'en aurait été capable. Mais ici les sœurs ne tuent pas autrui. Ensemble, elles se tuent elles-mêmes, le couple qu'elles forment.

La menace du bagne et de la condamnation est évoquée par les deux sœurs avant le passage à l'acte mais ne semble pas une si grande menace. Que Madame découvre ce qu'elles ont fait semble les effrayer davantage et les fait tomber dans la paranoïa. Claire, à propos des objets, déclare : « Ils nous trahissent. Et il faut que nous soyons de bien grands coupables pour qu'ils nous accusent avec un tel acharnement. Je les ai vu sur le point de tout dévoiler à Madame. »

Elles partagent ici le fantasme de Genet pour les bagnards : « Tu partais pour l'île du Diable, pour la Guyane, avec lui : un beau rêve ! (…) Tu étais heureuse de ton sacrifice, de porter la croix du mauvais larron, de lui torcher le visage, de le soutenir, de te livrer aux chiourmes pour que lui soit accordé un léger soulagement. »

Genet veut dans son écriture sublimer le crime et son caractère lui-même sublime. Car le sublime, plus que le beau, déboussole. Cette volonté rejoint celle de mettre mal à l'aise les spectateurs des *Bonnes*. Mais Genet parvient aussi ici dans sa langue à faire du beau, sans rien enlever au pétrifiant du sublime.

La langue

La langue utilisée par Genet dans ses œuvres est extrêmement riche. Sa densité tient non seulement à ses associations poétiques mais aussi du fait qu'il en mêle plusieurs. Pétri à la fois de l'éducation classique et sa langue littéraire, et de l'argot populaire rencontré lors de ses vagabondages et autres séjours en prison, Genet ayant parcouru d'un extrême à l'autre les strates de la société française, il en tire quelque chose de linguistiquement unique.

Une attention particulière est accordée à la façon dont les bonnes s'expriment. Par exemple, une didascalie précise : « Elle prononce tillol ». Genet veut mêler les deux milieux langagiers qu'il côtoie, dans la façon dont parlent les deux personnages. Dans « Comment jouer *Les Bonnes* », il indique : « Quant aux passages soi-disant 'poétiques', ils seront dits comme une évidence, comme lorsqu'un chauffeur de taxi parisien invente sur le champ une métaphore argotique : elle va de soi ». Genet veut accorder ici au langage populaire une dimension littéraire. À une critique selon laquelle les domestiques ne parlent pas comme ses bonnes parlent, il répond : « Qu'en savez-vous ? Je prétends le contraire, car si j'étais bonne je parlerai comme elles. Certains soirs. » Pour Genet, le langage poétique est une fulgurance qui peut surgir d'un taxi ou d'une mansarde de domestique. Il est parfois même davantage chez les domestiques que chez Madame dans le texte. Quand Solange dit : « Mon jet de salive, c'est mon aigrette de diamants », phrase qui pourrait être un alexandrin, Claire la reprend car Madame « elle, elle dit : diam's ! »

La langue n'est jamais aussi importante qu'au théâtre car elle est performative, elle vaut action et décision. Genet la soigne. Le style et les ambivalences sont exploités dans toutes leurs dimensions. L'exemple le plus évident est peut-être cette formule souvent répétée : « Madame est bonne », qui pourrait résumer la pièce dans son entier avec tous ses différents enjeux : l'interchangeabilité entre Madame et les bonnes, la polysémie du terme « bonne », à la fois fonction, qualité morale et sexuelle.

Mais l'auteur, comme à son habitude, joue aussi beaucoup avec la langue de manière gratuite. On relèvera : « vous êtes hideuse, ma belle », « Disposez la traîne, traînée », « M'interdire ! Plaisanterie ! Madame est interdite. » ou encore : « Riez un peu, riez et priez vite, très vite ! ». La langue est la principale arme de Genet. Il a ainsi pu déclarer : « Je ne pouvais pas changer le monde tout seul. Je ne pouvais que le pervertir, le corrompre un peu. Ce que j'ai tenté de faire par une corruption du langage c'est-à-dire à l'intérieur de cette langue française qui a l'air si noble, qui l'est peut-être d'ailleurs, on ne sait jamais. »

ÉTUDE DU MOUVEMENT LITTÉRAIRE

« *Théâtre nouveau* » *ou théâtre de l'absurde*

Il est difficile de classer l'œuvre de Genet dans son ensemble, l'auteur ayant touché aux différents genres littéraires – théâtre, poésie, récits – et toujours voulu surprendre. Mais son théâtre et particulièrement la pièce des *Bonnes* a été associée au mouvement du théâtre « nouveau » ou absurde d'après-guerre. Le terme « absurde » est parfois rejeté, relégué au rang d'étiquette. Ionesco par exemple lui préfère « étonnant » car il correspond à ce qu'est l'existence humaine selon lui.

On a qualifié ce mouvement de « nouveau » parce qu'il venait se poser en réaction avec ce qui pouvait se faire à l'époque, en opposition avec les valeurs véhiculées. Selon des auteurs comme Ionesco, Beckett, Genet, ces dernières n'ont plus lieu d'être après les deux guerres mondiales du XXe siècle. Proche du mouvement philosophique existentialiste, majeur à la même époque, le théâtre dit de l'absurde veut démontrer qu'il n'y a pas de sens prédéfini à l'existence, pas de destin. La vie n'est faite que de choix, et d'une liberté auquel l'être humain est astreint et qui le mène parfois au grotesque.

Ainsi, Genet, dans *Les Bonnes*, reprend certains codes de la tragédie classique, l'unité de temps et de lieu par exemple. Comme dans la tragédie racinienne, le *fatum*, la fatalité qui pèse sur les personnages semble être le meurtre de Madame que Claire formule comme étant sa mission. Mais le dénouement est autre, Claire choisit sa propre mort. Le nouveau théâtre est aussi un nouveau tragique où la perdition de l'être humain n'est que de son fait. Aucune force supérieure ne l'y oblige. Sur la scène, comme dans la vie, il n'y a que du langage et des pulsions.

Les hommes doivent alors faire face à leur condition, en

être conscient, même des dimensions les plus sombres. C'est ce que cherche à faire ce théâtre. Pour Genet, si le spectacle met mal à l'aise le public, c'est parce qu'il les met face à leur vérité.

L'histoire doit alors parler à tous, quelle que soit leur culture. Une grande importance est accordée au décor, aux objets et à leur symbolique. L'auteur précise dans ses indications : « Si la pièce est représentée en France, le lit sera capitonné – elle a tout de même des domestiques – mais discrètement. Si la pièce est jouée en Espagne, en Scandinavie, en Russie, la chambre doit varier. Les robes, pourtant, seront extravagantes, ne relevant d'aucune mode, d'aucune époque. » Tous doivent s'y retrouver et c'est également valable pour la postérité.

DANS LA MÊME COLLECTION
(par ordre alphabétique)

- **Chateaubriand**, *Atala*
- **Chateaubriand**, *René*
- **Chrétien de Troyes**, *Perceval*
- **Cocteau**, *Les Enfants terribles*
- **Colette**, *Le Blé en herbe*
- **Corneille**, *Le Cid*
- **Crébillon fils**, *Les Égarements du cœur et de l'esprit*
- **Defoe**, *Robinson Crusoé*
- **Dickens**, *Oliver Twist*
- **Du Bellay**, *Les Regrets*
- **Dumas**, *Henri III et sa cour*
- **Duras**, *L'Amant*
- **Duras**, *La Pluie d'été*
- **Duras**, *Un barrage contre le Pacifique*
- **Flaubert**, *Bouvard et Pécuchet*
- **Flaubert**, *L'Éducation sentimentale*
- **Flaubert**, *Madame Bovary*
- **Flaubert**, *Salammbô*
- **Gary**, *La Vie devant soi*
- **Giraudoux**, *Électre*
- **Giraudoux**, *La Guerre de Troie n'aura pas lieu*
- **Gogol**, *Le Mariage*
- **Homère**, *L'Odyssée*
- **Hugo**, *Hernani*
- **Hugo**, *Les Misérables*
- **Hugo**, *Notre-Dame de Paris*
- **Huxley**, *Le Meilleur des mondes*
- **Jaccottet**, *À la lumière d'hiver*
- **James**, *Une vie à Londres*
- **Jarry**, *Ubu roi*
- **Kafka**, *La Métamorphose*
- **Kerouac**, *Sur la route*
- **Kessel**, *Le Lion*

- **La Fayette**, *La Princesse de Clèves*
- **Le Clézio**, *Mondo et autres histoires*
- **Levi**, *Si c'est un homme*
- **London**, *Croc-Blanc*
- **London**, *L'Appel de la forêt*
- **Maupassant**, *Boule de suif*
- **Maupassant**, *Le Horla*
- **Maupassant**, *Une vie*
- **Molière**, *Amphitryon*
- **Molière**, *Dom Juan*
- **Molière**, *L'Avare*
- **Molière**, *Le Malade imaginaire*
- **Molière**, *Le Tartuffe*
- **Molière**, *Les Fourberies de Scapin*
- **Musset**, *Les Caprices de Marianne*
- **Musset**, *Lorenzaccio*
- **Musset**, *On ne badine pas avec l'amour*
- **Perec**, *La Disparition*
- **Perec**, *Les Choses*
- **Perrault**, *Contes*
- **Prévert**, *Paroles*
- **Prévost**, *Manon Lescaut*
- **Proust**, *À l'ombre des jeunes filles en fleurs*
- **Proust**, *Albertine disparue*
- **Proust**, *Du côté de chez Swann*
- **Proust**, *Le Côté de Guermantes*
- **Proust**, *Le Temps retrouvé*
- **Proust**, *Sodome et Gomorrhe*
- **Proust**, *Un amour de Swann*
- **Queneau**, *Exercices de style*
- **Quignard**, *Tous les matins du monde*
- **Rabelais**, *Gargantua*
- **Rabelais**, *Pantagruel*

- **Racine**, *Andromaque*
- **Racine**, *Bérénice*
- **Racine**, *Britannicus*
- **Racine**, *Phèdre*
- **Renard**, *Poil de carotte*
- **Rimbaud**, *Une saison en enfer*
- **Sagan**, *Bonjour tristesse*
- **Saint-Exupéry**, *Le Petit Prince*
- **Sarraute**, *Enfance*
- **Sarraute**, *Tropismes*
- **Sartre**, *Huis clos*
- **Sartre**, *La Nausée*
- **Senghor**, *La Belle histoire de Leuk-le-lièvre*
- **Shakespeare**, *Roméo et Juliette*
- **Steinbeck**, *Les Raisins de la colère*
- **Stendhal**, *La Chartreuse de Parme*
- **Stendhal**, *Le Rouge et le Noir*
- **Verlaine**, *Romances sans paroles*
- **Verne**, *Une ville flottante*
- **Verne**, *Voyage au centre de la Terre*
- **Vian**, *L'Arrache-cœur*
- **Vian**, *L'Écume des jours*
- **Voltaire**, *Candide*
- **Voltaire**, *Micromégas*
- **Zola**, *Au Bonheur des Dames*
- **Zola**, *Germinal*
- **Zola**, *L'Argent*
- **Zola**, *L'Assommoir*
- **Zola**, *La Bête humaine*
- **Zola**, *Nana*
- **Zola**, *Pot-Bouille*

CPSIA information can be obtained
at www.ICGtesting.com
Printed in the USA
BVHW060014121121
621277BV00004B/107